Anonymous

Staatsgrundgesetz für die Herzogtümer Schleswig-Holstein vom September 1848

Wahlgesetz für Schleswig-Holsteinische Landesversammlung vom 20. Oktober 1848

Anonymous

Staatsgrundgesetz für die Herzogtümer Schleswig-Holstein vom September 1848
Wahlgesetz für Schleswig-Holsteinische Landesversammlung vom 20. Oktober 1848

ISBN/EAN: 9783742874337

Hergestellt in Europa, USA, Kanada, Australien, Japan

Cover: Foto ©Suzi / pixelio.de

Manufactured and distributed by brebook publishing software
(www.brebook.com)

Anonymous

Staatsgrundgesetz für die Herzogtümer Schleswig-Holstein vom September 1848

Staatsgrundgesetz

für die Herzogthümer

Schleswig-Holstein

vom 15. September 1848.

Gesetz

betreffend

die Verantwortlichkeit der Minister

vom 21. October 1848.

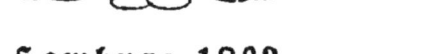

Hamburg 1863.

Schnellpressendruck von Vaßel & Co.

Staatsgrundgesetz
für
die Herzogthümer Schleswig-Holstein
vom 15. September 1848.

Nachdem Kraft des mit Zustimmung der vereinigten schleswig-holsteinischen Ständeversammlung erlassenen Wahlgesetzes vom 13. Juli d. J. alle mündigen Staatsbürger jeden Standes aufgefordert waren, Abgeordnete für eine neue volksvertretende Versammlung zu berufen, um in Uebereinstimmung mit der Landesregierung die Verfassung des Landes festzustellen; nachdem ferner die solchergestalt gewählte, am 15. August d. J. zusammengetretene Landesversammlung nach vorgängiger Berathungs-Beschlußnahme, auch nach bewirkter Verständigung mit der provisorischen Regierung über mehrere einzelne Artikel, das gegenwärtige Staatsgrundgesetz zur Genehmigung vorgelegt hat und solchem am 9. d. M. von der provisorischen Regierung Namens des Landesherrn ihre Zustimmung ertheilt worden: so wird gegenwärtiges Gesetz als Grundgesetz für die Herzogthümer Schleswig-Holstein hierdurch zur öffentlichen Kunde gebracht.

I. Vom Staatsgebiet.

Art. 1. Die Herzogthümer Schleswig-Holstein sind ein einiger untheilbarer Staat.

Art. 2. Jede Veränderung der Grenzen des Staatsgebiets enthält eine Aenderung der Verfassung.

II. Vom Verhältnisse zu Deutschland.

Art. 3. Die Herzogthümer Schleswig-Holstein sind ein Bestandtheil des deutschen Staatsverbandes.

Art. 4. Die Verfassung Deutschlands, wie sie jetzt ist, oder künftig sein wird, findet auf die Herzogthümer ihre volle und unbeschränkte Anwendung.

Art. 5. Die für ganz Deutschland oder die Herzogthümer insbesondere von den gegenwärtigen oder zukünftigen verfassungsmäßigen Gewalten Deutschlands erlassenen oder zu erlassenden Gesetze und Anordnungen sind für die schleswig-holsteinischen Staatsgewalten und Staatsbürger verbindlich.

III. Von den Staatsbürgern.

Art. 6. Der Vollgenuß der bürgerlichen und öffentlichen Rechte ist durch das schleswig-holsteinische Staatsbürgerrecht bedingt.

Art. 7. Das schleswig-holsteinische Staatsbürgerrecht steht Allen zu, welche, ohne in einem fremden Staatenverbande zustehen, bereits am 15. August 1848 ihren ordentlichen Wohnort im Lande hatten, und, insofern sie eingewandert sind, ohne Vorbehalt das Recht sich hier niederzulassen, erworben hatten, so wie allen an dem gedachten Tage Abwesenden, welche von einem in Schleswig-Holstein gebürtigen, nicht ausgewanderten Vater stammen und auch selbst nicht ausgewandert sind. Bei unehelichen Kindern kommt in diesem Falle die Abstammung von einer in Schleswig-Holstein gebürtigen Mutter in Betracht.

Art. 8. Das Staatsbürgerrecht wird vom 15. August 1848 angerechnet, erworben:

a) durch eheliche Abstammung von einem Vater oder uneheliche von einer Mutter, welche das schleswig-holsteinische Staatsbürgerrecht entweder zur Zeit der Geburt des Kindes schon besaßen, oder vor der Mündigkeit desselben erworben haben;
b) von deutschen Staatsbürgern durch feste Niederlassung im Lande, nachdem sie ihr bisheriges particulares Staatsbürgerrecht aufgegeben haben;
c) durch Abstammung von fremden, welche in Schleswig-Holstein sich niedergelassen und zur Zeit der Geburt des Kindes bereits die Bedingungen der festen Niederlassung erfüllt haben;
d) durch Verheirathung mit einem Manne, der das schleswig-holsteinische Staatsbürgerrecht besitzt;
e) durch ein Naturalisationsgesetz.

Art. 9. Das Staatsbürgerrecht wird durch Auswanderung verloren.

Art. 10. Jeder Staatsbürger männlichen Geschlechts legt nach erreichter Mündigkeit vor seiner Obrigkeit mittelst Handschlags folgendes Gelöbniß ab:

Ich gelobe unverbrüchliche Beobachtung der Verfassung, Gehorsam der Gesetze, und Treue dem Herzoge.

Von denjenigen, welche nach erlangter Mündigkeit das Staatsbürgerrecht erwerben, ist dieses Gelöbniß bei der Erwerbung desselben zu leisten.

Art. 11. Alle Staatsbürger sind gleich vor dem Gesetze.

Art. 12. Alle Staats- und Gemeinde-Aemter sind für alle Staatsbürger gleich zugänglich. Alle Privilegien welche hiermit in Wiederspruch stehen, sind aufgehoben.

Art. 13. Das Waffenrecht und die Wehrpflicht sind für alle gleich. Stellvertretung findet nicht statt

Art. 14. Durch das religiöse Glaubensbekenntniß wird der Genuß der bürgerlichen und staatsbürgerlichen Rechte weder bedingt noch beschränkt.

Die staatsbürgerlichen Pflichten sind von jedem ohne Unterschied des Glaubensbekenntnisses zu erfüllen; gesetzliche Ausnahmen bleiben vorbehalten.

Art. 15. Niemand kann durch eine Verfügung der Regierung seinem ordentlichen Richter entzogen werden.

Art. 16. Die Freiheit der Person ist unverletzlich.

Die gerichtliche Verhaftung einer Person soll — außer im Fall der Ergreifung auf frischer That — nur geschehen in Kraft eines richterlichen, mit Gründen versehenen Befehls.

Dieser Befehl muß im Augenblick der Verhaftung oder spätestens innerhalb der nächsten 24 Stunden dem Verhafteten zugestellt werden.

Die Polizeibehörde muß Jeden, den sie in Verwahrung genommen hat, im Laufe des folgendes Tages entweder freilassen oder der richterlichen Behörde übergeben.

Jeder Angeschuldigte soll gegen Stellung einer vom Gerichte zu bestimmenden Caution oder Bürgschaft der Haft entlassen werden, sofern nicht dringende Anzeigen eines schweren, peinlichen Verbrechens gegen ihn vorliegen.

Wegen unbefugt verhängter oder widerrechtlich verlängerter Gefangenschaft haften die daran Schuldtragenden, und nöthigenfalls der Staat dem Gefangenen für Entschädigung und Genugthuung.

Art. 17. Die Haussuchung findet nur auf Verfügung des zuständigen Gerichts oder der Ortsobrigkeit in den gesetzlich bestimmten Fällen und Formen statt.

Art. 18. Die Beschlagnahme und Einsicht von

Privatpapieren darf nur auf Grund einer richterlichen Verfügung vorgenommen werden.

Art. 19. Das Briefgeheimniß darf nicht verletzt werden. Ausnahmen davon können nur in Folge einer richterlichen Verfügung stattfinden, oder in Kriegsfällen angeordnet werden.

Art. 20. Jeder hat das Recht sich mit Bitten und Beschwerden schriftlich an den Herzog, an die Landesversammlung und an die Behörden zu wenden. Dieses Recht kann sowohl von Einzelnen als von Mehreren gemeinschaftlich ausgeübt werden. Bitten oder Beschwerden unter einem Gesammtnamen sind nur Behörden and Corporationen gestattet.

Art. 21. Das Recht, Vereine zu bilden, wird anerkannt. Dasselbe darf durch keine vorbeugende Maßregel beschränkt werden.

Art. 22. Die Schleswig-Holsteiner haben das Recht sich friedlich und ohne Waffen zu versammeln. Volksversammlungen unter freiem Himmel können bei drohender Gefahr für die öffentliche Ordnung und Sicherheit verboten und aufgelöst werden.

Art. 23. Jeder Schleswig-Holsteiner hat das Recht, durch Wort und Schrift seine Meinung frei zu äußern. Die Censur ist und bleibt aufgehoben. Die Preßfreiheit darf weder durch das Erforderniß von Concessionen noch durch Sicherheitsleistungen beschränkt werden.

Die Postbeförderung findet für alle Zeitungen und Zeitschriften unter gleichen Bedingungen Statt.

Art. 24. Der bestehende Gebrauch der Sprachen in Kirche und Schule, Rechtspflege und Verwaltung ist gewährleistet.

Die Gesetze werden in deutscher Sprache erlassen, denselben wird für diejenigen Districte, in denen die dänische Sprache Kirchen- und Schulsprache ist, eine beglaubigte dänische Uebersetzung hinzugefügt.

Art. 25. Die Auswanderungsfreiheit ist von Staatswegen nicht beschränkt. Abzugsgelder werden von Auswandernden nicht erhoben.

Art. 26. Das Eigenthum und alle Privatrechte sind unverletzlich.

Eine Enteignung kann nur aus Gründen des gemeinen Wohls in den Fällen und in der Art, welche das Gesetz bestimmt, und gegen Entschädigung vorgenommen werden.

Art. 27. Vermögensconfiscation darf nicht stattfinden.

Art. 28. Kein Staatsbürger ist verpflichtet und kann gezwungen werden, eine Steuer und Abgabe an den Staat zu bezahlen, welche nicht auf die durch das Staatsgrundgesetz vorgeschriebene Weise bewilligt ist.

Art. 29. Alle Bannrechte und Grundlasten, soweit letztere in Naturalleistungen bestehen, sind auf Antrag der Belasteten ablösbar. Das Gesetz wird die Art und Weise der Ablösung bestimmen.

Prohibitivrechte, welche dem Gemeinwohl widerstreiten, sollen durch das Gesetz entfernt werden.

Art. 30. Das Jagdrecht steht Jedem auf eigenem Grund und Boden zu, die Ausübung dieses Rechts wird nach Gründen des öffentlichen Wohles durch das Gesetz geordnet werden.

Art. 31. Die den Gemeinden oder Privaten zustehende Gerichtsherrlichkeit und die gutsherrliche Polizei werden aufgehoben werden.

Mit diesen Rechten fallen auch die Gegenleistungen und Lasten weg, die den bisher Berechtigten dafür oblagen.

Art. 32. Kein schleswig-holsteinischer Staatsbürger

darf von einer fremden Macht Titel oder Orden annehmen.

IV. Vom Herzoge.

Art. 33. Dem Herzoge steht als Oberhaupt des Staats die vollziehende Gewalt, in Gemeinschaft mit der Landesversammlung die gesetzgebende Gewalt mit Einschluß des Rechts der authentischen Gesetzauslegung zu. Er übt diese Gewalten in dem Umfange und in den Formen aus, wie durch dieses Grundgesetz bestimmt wird. Er befiehlt die Verkündigung der Gesetze und erläßt die zu deren Vollziehung nöthigen Verordnungen.

Art. 34. Vor dem Antritt der Regierung leistet der Herzog den folgenden Eid entweder schriftlich oder vor der Landesversammlung persönlich:

„Ich gelobe und schwöre die Verfassung und die Gesetze der Herzogthümer Schleswig-Holstein zu beobachten, und die Rechte des Volks aufrecht zu halten. So wahr mir Gott helfe und sein heiliges Wort."

Die Urkunde über den geleisteten Eid wird in dem Archiv der Landesversammlung aufbewahrt. Bevor der Herzog den Eid geleistet hat steht ihm keine Regierungsgewalt zu.

Art. 35. Die Person des Herzogs ist unverletzlich. Seine Minister sind verantwortlich.

Art. 36. Keine Anordnung des Herzogs in Regierungsangelegenheiten ist gültig, wenn die Urkunde über dieselbe nicht von einem Minister gegengezeichnet ist. Die Gegenzeichnung macht den Minister verantwortlich.

Art. 37. Der Herzog kann eben so wenig von der Anwendung eines Gesetzes Ausnahme machen, als ein

Gesetz aufheben, vorbehältlich derjenigen Fälle, in welchen die bestehenden Gesetze eine Dispensation ausdrücklich zulassen.

Art. 38. Der Herzog ernennt und entläßt die Minister.

Art. 39. Der Herzog führt den Oberbefehl über die Land- und Seemacht.

Art. 40. Der Herzog besetzt alle Civil- und Militair-Staatsämter, soweit das Gesetz nicht eine andere Art der Besetzung bestimmt.

Art. 41. Der Herzog schließt Verträge mit anderen Staaten. Alle Verträge welche den Herzogthümern Schleswig-Holstein oder einzelnen Staatsbürgern Verbindlichkeiten oder Lasten auferlegen, bedürfen zu ihrer Gültigkeit der Zustimmung der Landesversammlung.

Art. 42. Der Herzog hat das Recht der Begnadigung. Ein wegen seiner Amtshandlung verurtheilter Minister kann nur auf Antrag der Landesversammlung begnadigt werden.

Art. 43. Der Herzog hat das Recht Geld prägen zu lassen. Das Gesetz bestimmt den Münzfuß, die Münzeintheilung und das Gepräge.

Art. 44. Der Herzog kann nur an Militairpersonen Orden und Ehrenzeichen ertheilen. Adel und persönliche Titel können vom Herzoge nicht verliehen werden.

Art. 45. Der Herzog kann ohne Zustimmung der Landesversammlung nicht Oberhaupt eines andern Staates werden. Schon begründete agnatische Rechte sind vorbehalten. Die Zustimmung der Landesversammlung kann nur in der für Aenderungen des Grundgesetzes Artikel 154 festgesetzten Weise erfolgen.

Die ohne die Zustimmung der Landesversammlung erfolgte Erklärung des Herzogs, die Regierung eines fremden Staates übernehmen zu wollen, gilt als Verzicht auf die herzogliche Gewalt zu Gunsten des nächsten Thronerben.

Art. 46. Wenn der Herzog zugleich Oberhaupt eines nicht deutschen Staates sein sollte, so läßt er, so oft und so lange er sich außerhalb der Grenzen der Herzogthümer befindet alle Kraft dieses Grundgesetzes und der Gesetze ihm zustehenden Rechte durch einen Statthalter selbstständig ausüben. Der Statthalter kann durch keine Befehle und Instructionen des Herzogs beschränkt werden.

Art. 47. Der Herzog ernennt und entläßt den Statthalter. Nur Mitglieder deutscher Fürstenhäuser oder schleswig-holsteinische Staatsbürger können zu Statthaltern ernannt werden.

Art. 48. Die Ernennung und Entlassung des Statthalters geschieht in einer von dem Herzoge zu unterzeichnenden und von mindestens zwei Staatsministern gegenzuzeichnenden Urkunde. Die Ernennung wird wirksam, nachdem sie verkündigt ist und der Statthalter vor dem versammelten Staatsministerium den folgenden Eid geschworen hat:

„Ich gelobe und schwöre als Statthalter der Herzogthümer Schleswig-Holstein in Ausübung der mir anvertrauten Gewalt die Verfassung und die Gesetze der Herzogthümer Schleswig-Holstein zu beobachten und die Unabhängigkeit des Staates, sowie die Rechte des Herzogs und des Volkes aufrecht zu erhalten. So wahr mir Gott helfe und sein heiliges Wort."

Art. 49. Der Statthalter wohnt am Sitz der Regierung und kann in einem Jahre nicht länger als drei Monate außerhalb der Grenzen des Staatsgebiets sich aufhalten.

Art. 50. Nach dem Tode oder Abgange des Statthalters bis zum Wiederantritt eines neuen, oder wenn der Statthalter sich in der Unmöglichkeit befindet, die ihm anvertraute Gewalt auszuüben, übernimmt der älteste Staatsminister, nachdem er den im Art. 48 vorgeschriebenen Eid geleistet hat, die Gewalt derselben.

Art. 51. Dem Statthalter wird ein, den Verhältnissen seines Amtes angemessenes Einkommen ausgesetzt.

Art. 52. Der Statthalter hat dem Herzoge über die Geschäftsführung Bericht zu erstatten.

Art. 53. Alle, die Unterschrift des Herzogs erfordernden Gesetze, Verordnungen und Befehle werden während der Abwesenheit des Herzogs vom Statthalter Namens desselben unterschrieben, und, soweit es dieses Grundgesetz vorschreibt, von den Ministern gegengezeichnet.

Art. 54. Wenn der Herzog zugleich Oberhaupt eines anderen Staates ist, so können Verträge mit diesem Staate nur unter Zuziehung von besonders Bevollmächtigten der Landesversammlung und unter Vorbehalt der Ratification unterhandelt werden. Die Ratification geschieht von dem Herzoge und der Landesversammlung.

Art. 55. Die herzogliche Gewalt vererbt im Mannesstamme des oldenburgischen Fürstenhauses vermöge Abstammung aus rechtsgültiger Ehe nach dem Rechte der Erstgeburt, und der agnatischen Linealfolge, ohne Rücksicht auf die Nähe des Grades.

Art. 56. Vom Tode des Herzogs an, bis sein Nachfolger oder der Regent den verfassungsmäßigen Eid geleistet hat, wird die herzogliche Gewalt durch den Ministerrath Namens des Herzogs verantwortlich ausgeübt.

Dasselbe tritt in dem Falle ein, wenn beim Tode des Herzogs eine Statthalterschaft bestehen sollte. Die Statthalterschaft erlischt mit dem Tode des Herzogs.

Art. 57. Nach dem Tode des Herzogs versammelt sich sofort die Landesversammlung ohne Zusammenberufung. War diese vorher aufgelöst, und fällt der Termin des Zusammentretens der neuberufenen Landesversammlung später, so tritt die aufgelöste Landesversammlung wieder in Wirksamkeit und bleibt bis zum Zusammentreten der in der Auflösungsacte zusammenberufenen vereinigt.

Art. 58. Der Herzog wird mit Vollendung des achzehnten Lebensjahres mündig.

Art. 59. Wenn der Herzog unmündig ist, oder er sich in der Unmöglichkeit zu regieren befindet, tritt eine Regentschaft ein.

Dieselbe wird Namens des Herzogs von dem nächsten regierungsfähigen Agnaten geführt.

Der Regent leistet den im Art. 34 vorgeschriebenen Eid.

Art. 60. Ob die Voraussetzungen einer Regentschaft vorhanden sind, sowie darüber, ob sie aufgehört haben, entscheiden in Verbindung mit dem Staatsministerium die im Lande anwesenden mündigen Agnaten, mit Ausschluß der nächsten durch absolute Stimmenmehrheit. Die nöthigen Einleitungen für die Entscheidung trifft das Staatsministerium. Wenn kein zur Theilnahme an der Entscheidung berechtigter Agnat im Lande vorhanden ist, entscheidet das Staatsministerium allein.

Art. 61. Die Civilliste des Herzogs wird zu Anfang jeder Regierung durch ein Gesetz bestimmt.

Art. 62. Etwaige Apanagen, Ausstattungen und Witthümer des herzoglichen Hauses bestimmt das Gesetz.

V. Von den Ministern.

Art. 63. Niemand kann zum Minister ernannt werden, welcher nicht das Schleswig-Holsteinische Staatsbürgerrecht besitzt.

Art. 64. Das Gesetz bestimmt die Abtheilungen der Verwaltung.

Jeder besonderen Abtheilung der Verwaltung steht ein Minister vor.

Nur außerordentlich und auf kurze Zeit kann ein Minister mehreren Abtheilungen der Verwaltung vorstehen.

Art. 65. Die Minister vereinigen sich unter Vorsitz des Herzogs oder Statthalters zum Staatsrath.

Der Staatsrath beräth über Gesetzvorlagen und über Anträge der Landesversammlung, sowie über alle wichtigeren Angelegenheiten, und entscheidet über Zweifel hinsichtlich der Zuständigkeit der einzelnen Ministerien.

Ueber die im Staatsrath gefaßten Beschlüsse wird ein Protocoll geführt, welches die Vota der einzelnen Mitglieder enthält. Das Protokoll nebst dessen Beilagen wird einem Ausschusse der Landesversammlung auf deren Verlangen zur Einsicht vorgelegt.

Art. 66. Die Minister haben freien Zutritt zu den Sitzungen der Landesversammlung und müssen auf ihr Verlangen gehört werden.

Auf Verlangen der Landesversammlung sind die Minister verpflichtet in der Versammlung zu erscheinen.

Die Minister können Mitglieder der Landesversammlung sein.

Art. 67. Durch keine Anordnung des Herzogs oder Statthalters können die Minister der ihnen wegen der Verwaltung ihres Amtes obliegenden Verantwortlichkeit enthoben werden.

Art. 68. Nur Kraft eines Beschlusses der Landesversammlung kann gegen die Minister wegen der Verwaltung ihres Amts ein Strafverfahren eingeleitet werden.

Das Gesetz bestimmt die Fälle wegen welcher ein

Strafverfahren stattfindet, die Strafen, das Gericht, und die Art des Verfahrens.

Art. 69. Ist das in dem gegen Minister eingeleitete Strafverfahren erfolgende Endurtheil nicht freisprechend, so hat dasselbe stets den Austritt aus dem Amte zur Folge.

VI. **Von der Landesversammlung.**

Art. 70. Die Landesversammlung übt in Gemeinschaft mit dem Herzoge die gesetzgebende Gewalt.

Jedes Gesetz erfordert zu seiner Gültigkeit die Uebereinstimmung des Herzogs und der Landesversammlung. Wird, während der Herzog Oberhaupt eines andern, nicht deutschen Staates ist, ein Gesetzantrag auf drei verschiedenen Landtagen von der Landesversammlung mit einer Stimmenmehrheit von zwei Drittheilen unverändert angenommen, so kann der Herzog seine Zustimmung zu demselben nicht verweigern und verkündigt ihn als Gesetz.

Art. 71. Der Landesversammlung gebührt gleich dem Herzoge, das Recht des Gesetzvorschlages.

Art. 72. Die Landesversammlung hat das Recht Adressen und Anträge zu beschließen.

Art. 73. Die Landesversammlung kann in Ausführung der ihr in Betreff des Staatshaushalts und sonst zustehenden Befugnisse, Ausschüsse zur Untersuchung von Thatsachen ernennen und denselben das Recht verleihen, allein oder unter Zuziehung von richterlichen Beamten Vernehmungen vorzunehmen und die Behörden zur Hülfe zu requiriren.

Art. 74. Die Landesversammlung besteht aus 100 gewählten Abgeordneten.

Art. 75. Die Wahl der Abgeordneten ist eine unmittelbare. Die einfache Stimmenmehrzahl entscheidet bei derselben.

Art. 76. Von den 100 Abgeordneten werden 50 durch allgemeine Wahlen gewählt.

Zum Behuf dieser allgemeinen Wahlen wird das Land in 50 Wahldistricte getheilt, in denen je ein Abgeordneter gewählt wird.

Wahlberechtigt und wählbar in diesen Wahldistricten ist jeder mündige schleswig-holsteinische Staatsbürger, welcher nicht für seine Person oder sein Vermögen unter gerichtlicher Curatel steht, während des letzten Jahres, vom Wahltage an gerechnet, keine Armenunterstützung genossen hat, und nicht wegen eines in der öffentlichen Meinung entehrenden Verbrechens oder Vergehens verurtheilt ist oder sich wegen eines solchen in Untersuchung befindet.

Die anderen 50 Abgeordneten werden auf folgende Weise gewählt:

1) in den Städten und den Orten die vorzugsweise städtisches Gewerbe treiben, von den Einwohnern welche einen Grundbesitz zum Brandcassenwerthe von mindestens 600 ℳ besitzen, oder ein reines Einkommen von mehr als 150 ℳ jährlich haben, in 20 verschiedenen Wahldistricten 20 Abgeordnete;

2) in den ländlichen Districten von denjenigen Einwohnern welche einen Grundbesitz zum Steuerwerth von nicht weniger als 600 ℳ und nicht mehr als 30,000 ℳ besitzen oder ein reines Einkommen von mehr als 150 ℳ jährlich haben, ebenfalls in 20 verschiedenen Wahldistricten 20 Abgeordnete;

3) von den größeren Landbesitzern welche einen Grundbesitz zum Steuerwerth von mehr als 30,000 ℳ besitzen, in einem gemeinschaftlichen Wahldistricte 10 Abgeordnete,

Die Wählbarkeit ist auch in diesen städtischen und ländlichen Wahldistricten weder durch Grundbesitz, noch durch einen bestimmten Census bedingt. Dagegen müssen auch für diese Wahlen die oben angegebenen allgemeinen Erfordernisse der Wahlberechtigung oder der Wählbarkeit vorhanden sein.

Die näheren Bestimmungen über die Ausführung dieser Grundsätze werden im Wahlgesetze enthalten sein.

Art. 77. Die Wahlhandlung ist öffentlich, die Abstimmung ist mündlich.

Art. 78. Das Wahlrecht kann nur in Person ausgeübt werden.

Art. 79. Die Wahlperiode umfaßt 4 Jahre und beginnt mit dem Tage der Eröffnung der neugewählten Landesversammlung.

Art. 80. Jede erledigte Stelle eines Abgeordneten wird sofort durch neue Wahl wieder besetzt.

Wenn ein Abgeordneter 14 Tage nach Eröffnung des Landtags, ohne von der Landesversammlung gebilligte Gründe angeführt zu haben, sich nicht eingefunden hat, so kann die Landesversammlung die Vornahme einer neuen Wahl beschließen.

Art. 81. Für das bei den Wahlen der Abgeordneten zu beobachtende Verfahren, werden die näheren Bestimmungen in einem besonderen Wahlgesetze festgesetzt.

Art. 82. Der gewählte Abgeordnete vertritt das gesammte schleswig-holsteinische Volk, nicht allein die Wähler seines Districts.

Art. 83. Beamte die zu Abgeordneten gewählt werden bedürfen keines Urlaubs.

Art. 84. Nimmt ein Abgeordneter ein besoldetes Staatsamt an, so hört er auf, Mitglied der Landesversammlung zu sein, kann indessen sofort wieder gewählt werden.

Art. 85. Die Landesversammlung tritt Ein Mal im Jahre, und zwar am 1. November, und wenn dieser Tag auf einen Sonntag fällt am folgenden Tage, auch ohne besondere Berufung, zu dem ordentlichen Landtage zusammen. Dem ordentlichen Landtage ist jedes Mal der jährliche Voranschlag zum Staatshaushalt vorzulegen.

Außerordentlich wird die Landesversammlung vom Herzoge berufen, so oft er es für nöthig erachtet.

Art. 86. Dem Herzog steht die Befugniß zu den Landtag zu vertagen, zu schließen und die Landesversammlung aufzulösen. Der ordentliche Landtag kann ohne Zustimmung der Landesversammlung nicht vor Ablauf von 30 Tagen vertagt oder geschlossen werden.

Art. 87. Zur Gültigkeit jeder Auflösung der Landesversammlung wird erfordert, daß die Auflösungsacte die Anordnung neuer Wahlen, so daß dieselben innerhalb 30 Tagen nach dem Auflösungstage beendigt sein können und die Berufung der neugewählten Landesversammlung, so daß dieselbe innerhalb fernerer 30 Tage zusammentrete, enthalte.

Art. 88. Der Sitz der Regierung ist der regelmäßige Versammlungsort der Landesversammlung.

Art. 89. Die Landesversammlung wird von dem Alterspräsidenten für eröffnet erklärt. Sie wählt ihre Präsidenten, ihren Vicepräsidenten und Schriftführer. Sie prüft die Legitimation ihrer Mitglieder und ordnet ihren Geschäftsgang durch eine Geschäftsordnung.

Die Landesversammlung wählt am Anfang jeder Legislaturperiode für die Dauer derselben einen Justizausschuß von 13 Mitgliedern und einen Finanzausschuß von 5 Mitgliedern,

Art. 90. Dem Präsidenten der Landesversammlung steht während der Dauer des Landtags die Polizei im Versammlungshause zu.

Art. 91. Zu einer gültigen Beschlußnahme der Landesversammlung wird erfordert, daß von der gesetzlichen Anzahl ihrer Mitglieder die Mehrheit anwesend ist.

Art. 92. Bei jeder Beschlußnahme der Versammlung entscheidet die absolute Stimmenmehrheit, soweit nicht das Grundgesetz Anderes bestimmt. Bei Wahlen entscheidet relative Stimmenmehrheit, ausgenommen bei den Wahlen des Präsidenten und der Vicepräsidenten, welche durch absolute Stimmenmehrheit erwählt werden.

Art. 93. Die Sitzungen der Landesversammlung sind öffentlich. Auf Verlangen des Präsidenten oder einer Anzahl von 5 Mitgliedern kann die öffentliche Sitzung in eine geheime übergehen und es hängt dann von der Entscheidung der Versammlung ab, ob Grund vorhanden ist, in geheimer Sitzung zu berathen.

Art. 94. Ueber jeden Gesetzvorschlag, sowie über alle Anträge, zu deren Annahme eine größere als die absolute Stimmenmehrheit erfordert wird, muß regelmäßig an 2 nicht unmittelbar aufeinanderfolgenden Tagen berathen werden. Ausnahmen hiervon können nur mit einer Stimmenmehrheit von zwei Drittheilen der anwesenden Mitglieder beschlossen werden.

Art. 95. Kein Abgeordneter kann wegen seiner Abstimmungen oder Aeußerungen in der Landesversammlung von Staatswegen gerichtlich verfolgt oder zur Rechenschaft gezogen werden.

Art. 96. Nur mit Erlaubniß der Landesversammlung kann ein Mitglied derselben während des Landtages verhaftet oder einem Strafverfahren unterworfen werden, es sei denn, daß es bei einem Verbrechen auf offener That ergriffen wäre.

Art. 97. Es ist untersagt, der Landesversammlung in Person oder durch Deputationen Bittschriften zu überreichen. Die Landesversammlung hat das Recht, die an sie gerichteten Bittschriften an die Minister zu überweisen. Die Minister sind verbunden, über deren Inhalt Auskunft zu ertheilen, wenn die Landesversammlung es verlangt.

Art. 98. Jeder Abgeordnete ist berechtigt, von den Ministern Aufschlüsse zu verlangen, wenn es seine Absicht, eine Frage zu stellen, unter Bezeichnung des Gegenstandes derselben, in einer vorhergehenden Sitzung angekündigt hat.

Art. 99. Jeder Abgeordnete erhält während des Landtags ein Tagegeld von 2 Species und als Ersatz der Reisekosten einen halben Species für jede Meile.

VII. Von dem Verhältniß des Staates zu den religiösen Gemeinschaften.

Art. 100. Der Staat gewährt allen Kirchen und religiösen Gemeinschaften gleichen Schutz. Er wacht indessen darüber, daß alle sich innerhalb der Grenzen des Gehorsams halten, den sie den Gesetzen des Staats schuldig sind.

Art. 101. Die Freiheit des Bekenntnisses, der Bildung neuer Religionsgesellschaften und der gemeinsamen Religionsübung wird gewährleistet.

Art. 102. Corporationsrechte sind einer religiösen Gemeinschaft nur in dem Falle zu verweigern, wenn Lehre, Verfassung und Disciplin den Staatszwecken zuwiderlaufen.

VIII. Von der Schule.

Art. 103. Die Verwaltung der Schule wird einer besonderen Behörde anvertraut werden.

Art. 104. Die Theilnahme der Geistlichen an der Beaufsichtigung der Schulen wird durch ein Gesetz regulirt werden.

IX. Von der richterlichen Gewalt.

Art. 105. Die Richter sind innerhalb der Grenzen ihres richterlichen Berufes unabhängig.

Art. 106. Eine richterliche Behörde kann nur in Folge eines Gesetzes errichtet oder aufgehoben werden.

Art. 107. Die innere Einrichtung und die Zahl der Mitglieder der Gerichte, wird durch das Gesetz bestimmt.

Art. 108. Ein Richter kann nur auf Lebenszeit ernannt werden.

Art. 109. Kein Richter kann außer durch Urtheil und Recht seines Amtes entsetzt werden.

Eine Suspension vom richterlichen Amte kann nur Kraft richterlicher Verfügung Statt finden.

Art. 110. Ein Richter darf wider seinen Willen nur in den durch das Gesetz näher zu bestimmenden Fällen und Formen in Ruhestand versetzt werden.

Art. 111. Kein Richter kann zugleich ein anderes vom Staat besoldetes Amt bekleiden.

Art. 112. Einem Richter können außer seinem Gehalte keine Nebengehalte oder Gratificationen irgend einer Art von der Regierung zu Theil werden.

Art. 113. Die Frage, ob ein Gesetz auf verfassungsmäßigem Wege zu Stande gekommen, gehört nicht zur gerichtlichen Beurtheilung.

Art. 114. Die Trennung der Rechtspflege von der

Verwaltung soll auch bei den unteren Behörden eingeführt werden.

Art. 115. Jeder, der sich durch eine Handlung der Staatsgewalt in seinem Rechte verletzt glaubt, hat Anspruch auf gerichtliches Verfahren. Ein besonderes Gesetz wird die näheren Bestimmungen und nothwendigen Beschränkungen festsetzen, damit durch die Ausübung dieser Befugniß der freie Fortgang der Verwaltung nicht gehemmt wird.

Art. 116. Alle bevorrechteten Gerichtsstände der Personen und Grundstücke werden aufgehoben werden.

Art. 117. Das Gerichtsverfahren wird regelmäßig öffentlich und mündlich sein.

Art. 118. In Strafsachen wird regelmäßig der Anklageproceß Statt finden.

Art. 119. Ueber schwere Strafsachen und über alle politische und Preßvergehen werden Schwurgerichte urtheilen.

Art. 120. Rechtskräftige Urtheile deutscher Gerichte sind in den Herzogthümern Schleswig-Holstein gleich den Erkenntnissen der einheimischen Gerichte vollziehbar.

X. Von den Staatsbeamten.

Art. 121. Es können nur schleswig-holsteinische und andere deutsche Staatsbürger als Staatsbeamte angestellt werden.

Art. 122. Kein ohne Zeitbeschränkung angestellter Staatsbeamter kann ohne gerichtliches Urtheil des mit seinem Amte verbundenen Gehaltes oder Einkommens verlustig erklärt werden, vorbehältlich der Ausnahmen und Bestimmungen, welche das Gesetz machen wird.

Die Anstellung von Staatsbeamten auf bestimmte Zeit kann nur Kraft Gesetzes Statt finden.

Art. 123. Kein Staatsbeamter kann ohne seine Einwilligung versetzt werden, vorbehältlich der Ausnahmen und Bestimmungen, welche das Gesetz machen wird.

Art. 124. Staatsbeamte können nur Kraft des Gesetzes Gebühren erheben.

Art. 125. Die Staatsbeamten sind bei Ueberschreitung ihrer Amtsbefugniß jedem Beschädigten verantwortlich.

XI. Von der bewaffneten Macht.

Art. 126. Die bewaffnete Macht besteht aus dem Landheere, der Seemacht und der Bürgerwehr.

Art. 127. In der bewaffneten Macht Schleswig-Holsteins können nur Schleswig-Holsteiner und andere deutsche Staatsbürger dienen. Ausnahmen können nur Kraft eines Gesetzes Statt finden.

Art. 128. Die Art und Weise der Einstellung zum Landheer und zur Seemacht, sowie die Dienstzeit, bestimmt das Gesetz.

Art. 129. Die Officiere des Landheeres und der Seemacht können, wenn sie ohne Zeitbeschränkung angestellt sind, nur Kraft richterlichen Spruches des ihnen ertheilten Grades und des mit demselben verbundenen Gehaltes verlustig werden, vorbehaltlich der Ausnahmen und Bestimmungen, welche das Gesetz machen wird.

Art. 130. Die bewaffnete Macht kann gegen Staatsbürger nur auf Verlangen der Civilbehörde und in den vom Gesetze bestimmten Fällen und Formen verwandt werden.

Art. 131. Schleswig-holsteinische Staatsbürger können nicht in der bewaffneten Macht eines nicht deutschen Staates dienen. Ausnahmen können nur mit Einwilligung der Landesversammlung Stattfinden.

Art. 132. Schleswig-holsteinische Truppen können nur mit Einwilligung der Landesversammlung oder auf Verfügung der deutschen Central-Gewalt die Grenzen des deutschen Staatsgebiets überschreiten.

Art. 133. Die Seemacht hat ihre Stationen, Werften und Arsenäle in Schleswig-Holstein. Ausnahmen können nur mit Einwilligung der Landesversammlung Statt haben.

Art. 134. Es kann Truppen nicht deutscher Staaten nur mit Einwilligung der Landesversammlung die Betretung des Staatsgebiets gestattet werden.

Art. 135. Die Verhältnisse der Bürgerwehr werden durch ein besonderes Gesetz geordnet werden.

XII. Vom Staatshaushalte.

Art. 136. Alles bisher als landesherrlich bezeichnete Eigenthum und Vermögen jeder Art in den Herzogthümern ist, da die regierende Linie hier kein Privat- oder Familienvermögen besitzt, Staatseigenthum.

Alles aus Staatsmitteln oder für den Staat Erworbene wird Theil des Staatsvermögens. Kriegscontributionen, Entschädigungsgelder und sonstige Erwerbungen, welche dem Landesherrn zufolge eines Steuervertrages, Bündnisses oder Krieges zu Theil werden, sind daher ebenfalls Staatseigenthum.

Ueber das gesammte Staatsvermögen, namentlich über die grundherrlichen Abgaben und Leistungen, welche die Staatscasse zu erheben berechtigt ist, sowie über die ausstehenden Forderungen werden genaue und vollständige Inventarien aufgenommen.

Einzelne Theile des Staatsvermögens, wie z. B. gewisse Schlösser und Gärten, werden dem Herzoge bei Bestimmung seiner Civilliste oder den Mitgliedern der fürstlichen Familie bei Bestimmung ihrer Apanagen und Wittthümer zur Benutzung übergeben. Alles übrige Staatsvermögen wird den einzelnen Abtheilungen der Staatsverwaltung zur Verwaltung und Verwendung überwiesen. Jede Abtheilung der Staatsverwaltung hat jährlich mit der Rechnungsablage einen genauen Nachweis über die Vermehrung oder Verminderung des ihr anvertrauten Staatsvermögens einzuliefern.

Das unbewegliche Staatsvermögen soll in seinem wesentlichen Bestande erhalten werden und kann daher ohne Einwilligung der Landesversammlung weder durch Veräußerung vermindert, noch mit Schulden oder sonst mit einer bleibenden Last beschwert werden.

Art. 137. Die Beibehaltung, Einführung oder Abschaffung von Regalien hängt von dem Beschlusse der Landesversammlung ab, welche die Art ihrer Verwaltung bestimmt.

Art. 138. Die Erhebung von Gebühren für die Benutzung öffentlicher Anstalten, wie z. B. Chausseegelder, Fährgelder u. s. w., oder für Dienste der Staatsbeamten und für die Ausübung sogenannter Fiscirechte, wie Gerichtssporteln, Dispensationsgelder u. s. w. kann nur durch ein Gesetz angeordnet werden.

Art. 139. Alljährlich wird der ordentlichen Landesversammlung ein Voranschlag über alle zu erwartenden Ausgaben des Staats, unter Nachweis ihrer Nothwendigkeit oder Nützlichkeit, zur Genehmigung vorgelegt.

Abweichungen von dem genehmigten Voranschlag im Ganzen oder in seinen einzelnen Positionen, bedürfen der nachträglichen Genehmigung der Landesversammlung.

Art. 140. Soweit der Ertrag des Staatsvermögens,

der Regalien und die Gebühren nicht ausreichen, um die bewilligten Ausgaben zu decken wird der Staatsbedarf durch Steuern und Abgaben bestritten.

Der Voranschlag über die Ausgaben muß von Vorschlägen über die Behufs der Deckung des Staatsbedarfs erforderlichen Steuern und Abgaben begleitet sein, über deren Erhebung die Landesversammlung beschließt. Die Bewilligung der Steuern und Abgaben gilt nur für ein Jahr.

Die bewilligten Steuern und Abgaben werden jährlich durch ein Steuergesetz ausgeschrieben.

Keine Behörde ist berechtigt Steuern und Abgaben zu erheben, wenn die Erhebung nicht durch das Gesetz angeordnet ist.

Art. 141. Die jährliche Staatsrechnung über alle stattgehabten Einnahmen und Ausgaben des Staats wird mit allen Belegen dem von der letzten ordentlichen Landesversammlung erwählten Finanzausschuß zwei Monat vor der Eröffnung der nächsten ordentlichen Landesversammlung zur Prüfung mitgetheilt. Derselbe hat das Recht, jede Art der Aufklärung von dem Ministerium zu verlangen. Die Staatsrechnung sammt ihren Belegen wird mit dem Berichte des Finanzausschusses der nächsten ordentlichen Landesversammlung bei ihrer ersten Sitzung vorgelegt.

Art. 142. Der Staat wird durch Anleihen und Garantien nur dann verpflichtet, wenn dieselben von der Landesversammlung genehmigt sind.

Art. 143. Die Staatshauptcasse bleibt in Rendsburg, bis ein Gesetz anders darüber verfügt.

Bevorzugungen können in Betreff der Steuern und Abgaben nicht eingeführt werden.

Die bestehende Steuergesetzgebung wird einer Revision unterzogen werden.

XIII. Allgemeine Bestimmungen.

Art. 145. Das Staatswappen bilden zwei blaue Löwen im goldenen Felde und ein silbernes Nesselblatt im rothen Felde.

Art. 146. Jeder Deutsche genießt in den Herzogthümern des den schleswig-holsteinischen Staatsbürgern gewährleisteten Schutzes.

Art. 147. Der Sitz der Regierung kann nur innerhalb der Landesgrenzen sein und wird durch das Gesetz bestimmt.

Art. 148. Die Gemeindeverfassungen für Stadt und Land werden auf Grund freier Wahl der Vorsteher und Vertreter, regelmäßiger Oeffentlichkeit der Gemeindeberathungen und selbstständiger Verwaltung des Gemeindevermögens unter Aufsicht des Staates gegründet werden.

Art. 149. In jedem Gesetze muß ausdrücklich erwähnt werden, daß es in der Uebereinstimmung mit dem Beschluß der Landesversammlung erlassen werde.

Art. 150. Zur Ausführung der in den Artikeln 17, 29, 110, 111, 112, 115, 116, 117, 118, 119, 130 ausgesprochenen Grundsätze werden besondere Gesetze ergehen. Bis zum Erlaß dieser Gesetze bleiben die in Bezug auf Gegenstände derselben bestehenden Gesetze und Rechtsnormen in Gültigkeit. Alle den übrigen Bestimmungen des Staatsgrundgesetzes entgegenstehenden gesetzlichen Vorschriften und Rechtsnormen treten sofort außer Kraft.

Art. 151. Alle durch dieses Grundgesetz nicht aufgehobenen gesetzlichen Bestimmungen und ihnen gleichstehenden Rechtsnormen bleiben in Kraft.

Art. 152. Die Artikel 13, 16, 18, 19 und 22 können zur Zeit eines Krieges oder Aufruhrs für bestimmte Districte und auf bestimmte Zeit durch besonderes Gesetz außer Kraft gesetzt werden. Ist die Landesversammlung nicht versammelt, so kann die provisorische Suspension durch Anordnung des Herzogs unter Gegenzeichnung und Verantwortlichkeit aller Minister ausgesprochen werden. Eine solche Verfügung ist dem Justizausschuß der Landesversammlung unverzüglich mitzutheilen, und auf dessen etwaiges Verlangen ist die Landesversammlung sofort zu berufen.

Art. 153. Die Mitglieder der Landesversammlung, alle Staatsbeamte und die bewaffnete Macht haben dem Herzoge und dem Staatsgrundgesetz Treue und Gehorsam zu schwören.

Art. 154. Eine Abänderung dieses Grundgesetzes erfordert zu ihrer Gültigkeit die Uebereinstimmung des Herzogs und der Landesversammlung, und zwar mit einer Stimmenmehrheit von zwei Drittheilen der gesetzlichen Anzahl ihrer Mitglieder.

XIV. Transitorische Bestimmungen.

Art. 155. Die verfassunggebende Landesversammlung bleibt nach Verkündigung dieses Staatsgrundgesetzes bis zum Zusammentreten der ersten ordentlichen Landesversammlung bestehen und hat alle Rechte und Pflichten, welche dieses Grundgesetz einer ordentlichen Landesversammlung beilegt.

Art. 156. Die constituirende Landesversammlung kann wider ihren Willen weder aufgelöst noch vertagt werden.

Jede Veränderung in der bestehenden Landesregierung bedarf der Zustimmung der Landesversammlung.

Alle seit dem 24. März 1848 von der provisorischen Regierung Schleswig-Holsteins erlassenen Gesetze können nur mit Zustimmung der Landesversammlung verändert oder aufgehoben werden.

Ohne Zustimmung der Landesversammlung kann kein neues Gesetz erlassen und keine Steuer neu auf= gelegt werden.

Alle bestehenden Steuern und Abgaben, sowie andere Staatseinkünfte werden bis zum 31. December 1848 von der durch die Landesversammlung anerkannten Landesregierung forterhoben.

Art. 157. Alle bestehenden Gebühren werden bis zum Erlaß neuer gesetzlicher Bestimmungen darüber forterhoben.

Art. 158. Die Bestimmungen dieser Verfassung bleiben nur soweit gültig als sie mit der künftigen definitiven Verfassung Deutschlands in Uebereinstimmung stehen.

Bis zur Feststellung der deutschen Verfassung gehen die einstweiligen, die Verfassung Deutschlands bestimmenden grundgesetzlichen Anordnungen, soweit der Inhalt dieses Grundgesetzes mit ihnen nicht in Uebereinstimmung ist, demselben auch ohne Zustimmung der schleswig=holsteinischen Staatsgewalten ihrer Geltung nach vor, und sind für die schleswig=holsteinischen Staatsgewalten und Staatsbürger verpflichtend.

Art. 159. Bei der nächsten Revision des Staatsgrundgesetzes können Abänderungen in demselben durch einfache Majorität beschlossen werden.

Allen Einwohnern des Landes, insonderheit allen Obrigkeiten, Behörden und Beamten wird geboten, den vorstehenden grundgesetzlichen Vorschriften in allen Stücken zu geleben.

Gesetz

betreffend die Verantwortlichkeit der Minister

vom 21. October 1818.

Mit Zustimmung der Landesversammlung der Herzogthümer Schleswig-Holstein, verordnet die provisorische Regierung wie folgt:

§ 1. Wegen jeder amtlichen Handlung oder Unterlassung eines Ministers, durch welche auf schuldvolle Weise das Staatsgrundgesetz verletzt, oder die Sicherheit oder Wohlfahrt des Staats benachtheiligt, oder gefährdet wird, kann von der schleswig-holsteinischen Landesversammlung ein Strafverfahren beschlossen werden.

§ 2. Die wider Minister wegen pflichtwidrigen Verhaltens (§ 1) zu erkennenden Strafen sind Amtsentsetzung, welche die Unfähigkeit zur Wiederanstellung im Staatsdienste nach sich zieht, oder Amtsentlassung.

Liegt in dem pflichtwidrigen Verhalten zugleich eine Uebertretung der Vorschriften des in Schleswig-Holstein geltenden Strafrechts, so treten die dadurch verwirkten Strafen, insofern sie schwerer sind als Amtsentsetzung und Amtsentlassung, neben einer von diesen Strafen ein.

Entschädigungsansprüche bleiben vorbehalten.

§ 3. Der Antrag auf Einleitung des Strafverfahrens wird in der Landesversammlung unter Bezeichnung der dem Minister zur Last gelegten Thatjachen und Pflichtverletzungen schriftlich eingereicht, und muß wenigstens von 20 Mitgliedern der Landesversammlung unterzeichnet sein.

§ 4. Der Präsident der Landesversammlung hat den Antrag für die nächste Sitzung auf die Tagesordnung zu bringen. Nach beendigter Verhandlung kann der Beschluß ob dem Antrage weitere Folge zu geben sei erst in einer späteren Sitzung gefaßt werden, welche nicht vor dem nächsten Tage zu halten ist.

§ 5. Die Mitglieder des Justizausschusses der Landesversammlung und diejenigen Abgeordneten, welche Mitglieder des schleswig-holstein-lauenburgischen Oberappellationsgerichtes sind, können weder an dem Antrage auf Einleitung des Strafverfahrens (§ 2) noch an der darüber Statt findenden Berathung und Beschlußnahme § 4 theilnehmen.

§ 6. Beschließt die Landesversammlung, dem Antrage weitere Folge zu geben, so wählt sie aus der Mitte des Justizausschusses eine Commission von drei Mitgliedern, deren Aufgabe es ist, die erforderlichen Aufklärungen durch vorläufige Vernehmungen oder auf sonst geeignete Weise zu bewirken. Die Commission kann die ihr etwa nöthig scheinenden Verhaftungen und andere Sicherheitsmaßregeln bei dem betreffenden Obercriminalgericht beantragen. Dasselbe hat über solche Anträge nach den bestehenden Gesetzen zu erkennen, und die nöthigen Verfügungen zu erlassen.

§ 7. Ueber das erlangte Resultat erstattet die Commission ihren Bericht nebst Gutachten an die Landesversammlung, welche, wenn sie inzwischen vertagt oder geschlossen sein sollte, zur Vernehmung des Berichts und Gutachtens, sowie zum Beschluß über die Einleitung des Strafverfahrens (§§ 8 und 9) wieder zu berufen.

§ 8. Die Landesversammlung faßt hierauf einen Beschluß über die Einleitung des Strafverfahrens wider den Minister und dessen Mitschuldige.

§ 9. Ist die Einleitung des Strafverfahrens von der Landesversammlung beschlossen, so bestellt sie zwei Ankläger, und bezeichnet in dem denselben zu ertheilenden schriftlichen Anklage diejenigen Handlungen, wegen welches das Strafverfahren eingeleitet werden soll.

§ 10. Der Minister wider welchen die Einleitung des Strafverfahrens beschlossen werden, ist für die Dauer desselben vorläufig seiner amtlichen Thätigkeit zu entheben. Ein gleiches gilt von Mitschuldigen, insofern sie im Staatsdienste angestellt sind.

§ 11. An der Berathung und dem Beschlusse (§§ 8 und 9) nehmen diejenigen Abgeordneten nicht Theil, welche Mitglieder des Oberappellationsgerichts oder Justizausschusses sind, insofern sie nicht in letzterer Eigenschaft die im § 6 erwähnte Commission gebildet haben.

§ 12. Für das einzuleitende Strafverfahren ist das schleswig-holsteinische Staatsgericht zuständig.

§ 13. Das Staatsgericht wird aus den Mitgliedern des schleswig-holstein-lauenburgischen Oberappellationsgerichts und den Mitgliedern des Justizausschusses, welche nicht an der Commission (§ 6) Theil genommen haben, zusammengesetzt.

Die Mitglieder des Justizausschusses verbleiben bis zur Beendigung des Strafverfahrens in dem Staatsgerichte, wenn auch die Dauer der Legislaturperiode, für welche der Justizausschuß gewählt worden (St.-G.-G. Art. 89), inzwischen abgelaufen ist.

Der Präsident des Oberappellationsgerichts ist Präsident des Staatsgerichts. Bei dessen Behinderung tritt der älteste Rath) des Oberappellationsgerichts für ihn ein.

Als Schriftführer wird dem Staatsgericht einer der Secretaire des Oberappellationsgerichts nach der Wahl des Präsidenten beigeordnet.

§ 14. In Betreff der Recusation aus Gründen und der Fälle, in welchen ein Mitglied des Gerichts sich seiner Stimme enthalten muß, gelten für die Mitglieder des Staatsgerichts die in der Gerichtsordnung für das Oberappellationsgericht ausgesprochenen Grundsätze.

§ 15. Sollte ein Mitglied des Staatsgerichts sich verpflichtet oder befugt erachten, seine Theilnahme an der Erörterung und Entscheidung der in Frage stehenden Sache zu verweigern, so hat es seine Gründe dem Staatsgerichte vorzutragen, welches darüber entscheidet, ob jenes Mitglied auszuscheiden habe oder nicht.

§ 16. Nach Ausscheidung derjenigen Mitglieder aus dem Staatsgerichte, welche aus demselben in Folge der Bestimmungen der §§ 14 und 15 austreten, steht es dem Angeklagten frei, von den nachbleibenden Mitgliedern ohne Angabe von Gründen so viele zu recusiren, daß die Zahl von wenigstens 13 Mitgliedern mit Einschluß des Präsidenten übrig bleibt.

§ 17. Bevor von dem Präsidenten und den übrigen Mitgliedern des Staatsgerichts eine richterliche Handlung vorgenommen wird, haben dieselben einen schriftlichen Eid zu unterzeichnen, durch welchen sie geloben, daß sie als Mitglieder (als Präsident) des schleswigholsteinischen Staatsgerichts die ihnen obliegenden Pflichten gewissenhaft erfüllen, insbesondere die in Betracht kommenden thatsächlichen und rechtlichen Verhältnisse sorgfältig prüfen und lediglich ihrer gewissenhaften Ueberzeugung von dem, was Rechtens ist, folgen wollen.

Die Urkunden dieses Eides sind zu Acten des Processes zu legen.

§ 18. Der Präsident beruft das Staatsgericht zusammen, so oft es erforderlich ist, und hat die Leitung des Geschäftsganges bei demselben. Kein einberufenes Mitglied darf ohne zureichenden Entschuldigungsgrund in einer Sitzung fehlen.

§ 19. Das Staatsgericht hält seine Sitzungen in dem Gerichtssaal des schleswig-holstein-lauenburgischen Oberappellationsgerichts.

§ 20. Nur im versammelten Staatsgerichte können Beschlüsse gefaßt werden.

§ 21. Zur Gültigkeit der Beschlüsse ist erforderlich, daß mindestens zwei Drittheile der Mitglieder in der Sitzung anwesend sind. Für Zwischenbescheide genügt jedoch die Gegenwart der am Gerichtsorte wohnhaften und daselbst anwesenden Mitglieder.

§ 22. Alle Beschlüsse werden gefaßt durch absolute Stimmenmehrheit der anwesenden Mitglieder. Bei Gleichheit der Stimmen hat die mildere Meinung den Vorzug.

§ 23. Das Staatsgericht ist an positive Beweisregeln nicht gebunden, sondern folgt lediglich seiner gewissenhaften Ueberzeugung.

§ 24. Den Entscheidungen des Staatsgerichts sind die Entscheidungsgründe beizufügen.

§ 25. Die Ausfertigungen des Staatsgerichts werden von dem Präsidenten unterschrieben und mit einem Siegel versehen, welches die Wappen der Herzogthümer Schleswig-Holstein mit der herzoglichen Krone und die Umschrift Schleswig-holsteinisches Staatsgericht enthält.

§ 26. Blos prozeßleitende Verfügungen werden von dem Präsidenten allein im Namen des Staatsgerichts beschlossen und erlassen.

§ 27. Alle Fristen und Termine sind peremtorisch und im Falle gehörig bescheinigter genügender Verhinderungsgründe einer einmaligen Verlängerung oder Aussetzung fähig.

§ 28. Bei dem Verfahren vor dem Staatsgericht findet Gebührenfreiheit Statt. Auch bedarf es zu den gerichtlichen Eingaben und Ausfertigungen nicht des gestempelten Papiers. Die Reisekosten und Tagegelder der Mitglieder des Staatsgerichts, sowie andere nothwendige Ausgaben, werden aus der Staatscasse abgehalten.

§ 29. Die Einleitung des staatsgerichtlichen Verfahrens geschieht durch eine an das Staatsgericht zu richtende schriftliche Vorstellung der Ankläger worin die Thatsachen kurz vorzutragen sind, durch welche die Anklage begründet werden soll. Dieselbe muß zugleich den Antrag enthalten, daß eine commissarische Untersuchung eingeleitet und demnächst zur Verhandlung der Sache ein Termin angesetzt werde. Die den Anklägern von der Landesversammlung ertheilte Legitimationsacte nebst den die Sache betreffenden Acten und Urkunden müssen der Vorstellung beigefügt sein.

§ 30. Von dem Präsidenten wird diese Eingabe nebst den Beilagen dem Angeklagten mitgetheilt, mit der Auflage, binnen 14 Tagen anzuzeigen, ob und in wie weit er von dem ihm nach dem § 14 zustehenden Recusationsacte Gebrauch machen wolle.

§ 31. Nach Eingang dieser den Anklägern nachrichtlich mitzutheilenden Anzeige trägt der Präsident den Mitgliedern des Staatsgerichts in einer Sitzung den wesentlichen Inhalt der eingegangenen Acten vor.

§ 32. Ist hierauf eine Entscheidung über die in Gemäßheit der §§ 14 und 15 aus dem Gerichte austretenden Mitglieder erfolgt, so wird dem Angeklagten unter nachrichtlicher Mittheilung der Entscheidung aufgegeben innerhalb 14 Tagen sich darüber zu erklären ob und welche Mitglieder er bis zur vorgeschriebenen Zahl ohne Angabe von Gründen recusiren wolle.

§ 33. Das aus den nicht recusirten Mitgliedern gebildete Staatsgericht bestellt sodann nach gehaltenem Vortrage des Präsidenten eine aus drei seiner Mitglieder bestehende Commission, welche durch relative Stimmenmehrheit einzeln gewählt werden. Diese Commission hat unter Zuziehung des Schriftführers die nöthige Untersuchung zu führen und alle zur Förderung und Sicherung des Zwecks der Untersuchung etwa erforderlichen Maßregeln zu treffen.

Das erlassene Commissorium ist sowohl den Anklägern als dem Angeklagten mitzutheilen.

§ 34. Gegen das Verfahren und die Verfügungen der Untersuchungscommission steht sowohl den Anklägern als dem Angeklagten der Weg der Beschwerde an das Staatsgericht offen. In wie fern der Einwendung solcher Beschwerde bis auf weitere Verfügung des Staatsgerichts aufschiebende Wirkung einzuräumen sei, hängt von dem Ermessen der Commission ab.

§ 35. Nach beendigter Untersuchung hat die Commission die sämmtlichen Acten dem Staatsgerichte zu überreichen.

§ 36. Die sämmtlichen Acten werden hierauf zunächst den Anklägern mit der Auflage zugestellt, die Anklageschrift, welche einen genau bestimmten Strafantrag enthalten muß, in einer näher zu bestimmenden Anzahl von Exemplaren innerhalb sechs Wochen einzuliefern und die Acten zu remittiren.

§ 37. Nach dem Eingange der Anklageschrift wird diese abschriftlich mit den Acten dem Angeklagten mitgetheilt und ihm dabei aufgegeben, seine Vertheidigungsschrift in einer näher zu bestimmenden Anzahl von

Exemplaren binnen sechs Wochen einzureichen, unter Zurücksendung der Acten.

§ 38. Bei abschriftlicher Mittheilung der Vertheidigungsschrift an die Ankläger ist zur öffentlichen und mündlichen Verhandlung der Sache auf Grundlage der erwachsenen Acten und der eingelieferten Satzschriften ein möglichst naher Termin anzuberaumen, zu welchem die Ankläger und der Beklagte vorzuladen sind.

§ 39. Nach bis zur Duplik mündlich verhandelter Sache erfolgt das Erkenntniß des Staatsgerichts, welches spätestens innerhalb acht Tagen öffentlich verkündigt und in beglaubigten Ausfertigungen den Anklägern und dem Angeklagten zugestellt wird.

§ 40. Wird der Angeklagte durch das Erkenntniß nicht freigesprochen, so kann er zugleich zur Erstattung der durch das Strafverfahren der Staatscasse verursachten Kosten verurtheilt werden.

§ 41. Gegen die Erkenntnisse des Staatsgerichts finden keine Rechtsmittel Statt.

§ 42. Die Vollstreckung eines erfolgten Strafekenntnisses wird von dem Staatsgerichte demjenigen Gerichte übertragen, vor welchem der Verurtheilte seinen ordentlichen Gerichtsstand hat.

§ 43. In allen durch das Gesetz nicht besonders normirten Fällen kommen für das zu beobachtende Verfahren die Grundsätze des schleswig-holsteinischen und des subsidiär geltenden gemeinen deutschen Civilprocesses zur Anwendung.

§ 44. Die vorstehenden Bestimmungen leiden auch auf die nach dem Gesetze vom 16. October 1848 zu bestellenden verantwortlichen Departementschefs Anwendung.